BEI GRIN MACHT SICH IHR WISSEN BEZAHLT

AF150905

- Wir veröffentlichen Ihre Hausarbeit,
  Bachelor- und Masterarbeit

- Ihr eigenes eBook und Buch -
  weltweit in allen wichtigen Shops

- Verdienen Sie an jedem Verkauf

Jetzt bei www.GRIN.com hochladen
und kostenlos publizieren

Bibliografische Information der Deutschen Nationalbibliothek:

Die Deutsche Bibliothek verzeichnet diese Publikation in der Deutschen National-
bibliografie; detaillierte bibliografische Daten sind im Internet über http://dnb.d-
nb.de/ abrufbar.

Impressum:

Copyright © 2007 GRIN Verlag, Open Publishing GmbH
Druck und Bindung: Books on Demand GmbH, Norderstedt Germany
ISBN: 9783640462001

Dieses Buch bei GRIN:

http://www.grin.com/de/e-book/137965/moralentwicklung-nach-kohlberg-stufen-
der-moralenwicklung

Ingrid Haase

Moralentwicklung nach Kohlberg. Stufen der Moralenwicklung

GRIN Verlag

GRIN - Your knowledge has value

Der GRIN Verlag publiziert seit 1998 wissenschaftliche Arbeiten von Studenten, Hochschullehrern und anderen Akademikern als eBook und gedrucktes Buch. Die Verlagswebsite www.grin.com ist die ideale Plattform zur Veröffentlichung von Hausarbeiten, Abschlussarbeiten, wissenschaftlichen Aufsätzen, Dissertationen und Fachbüchern.

Besuchen Sie uns im Internet:

http://www.grin.com/

http://www.facebook.com/grincom

http://www.twitter.com/grin_com

Die Psychologie der Moralentwicklung nach

Lawrence Kohlberg

Inhaltsverzeichnis

Einleitung

Im Folgenden wird Lawrence Kohlbergs Theorie zur Psychologie der Moralentwicklung dargestellt. Dabei konzentriert sich die Darstellung zunächst auf definitorische Fragen, bevor auf Kohlbergs Ideen – insbesondere auf sein Stufenmodell der Moralentwicklung eingegangen wird. Bei den Erklärungen zum Stufenmodell werden zunächst die drei Hauptniveaus des moralischen Urteils und die sechs Stufen dargestellt, erst dann folgt die Sozialperspektive der Stufen, die unerlässlich ist bei dem Versuch, das Niveau des moralischen Urteils einer Person zu erfassen. Nach der Sozialperspektive wird auf die vier moralischen Orientierungen eingegangen.

1. Was ist Moral?

Wie bei fast allen psychologischen und philosophischen Konstrukten gibt es auch für die Moral eine Fülle von Definitionen. Fast jeder Wissenschaftler hat seine eigene Definition gefunden und es ist unmöglich aus allen Definitionen die „Richtige" zu finden. Deshalb sollen hier nur zwei allgemeingültige Beispiele genannt werden – ohne Anspruch auf Vollständigkeit.

„Moral ist die Lehre vom sittlichen Verhalten nach geltenden gesellschaftlichen Normen" (vgl. Kraken-Fricke, 1996). Diese Definition stammt aus der philosophischen Denkweise. Eine erweiterte Definition lässt sich im Internet unter bei der wikipedia–Enzyklopädie finden: Moral meint „die Gesamtheit der Normen, Werte, Grundsätze, die das zwischenmenschliche Verhalten in einer Gesellschaft regulieren und von ihrem überwiegenden Teil als verbindlich akzeptiert oder zumindest hingenommen werden" (www.wikipedia.de/moral)

Um Moral oder Moralische Urteile zu erkennen ist es sinnvoll, Indikatoren von Moral zu benennen. In der psychologischen Forschung sind vier Kategorien von Indikatoren zu finden die da lauten (vgl.: Montada, L., 2002):

- Wissen über geltende Normen
- Urteile über das, was moralisch geboten ist
- Normentsprechendes und –abweichendes Verhalten
- Moralische Gefühle

2. Kohlbergs Idee

Lawrence Kohlberg interessierte sich vor allem für die Prinzipien, die moralischen Entscheidungen zugrunde liegen. Er suchte nach den Begründungen normativer Urteile und den Orientierungen, denen urteilende Personen folgen.

In seiner Theorie zum Moralerwerb Unterschied Kohlberg drei moralische Niveaus mit je zwei Unterstufen. Er meinte jeder Mensch durchläuft diese Niveaus nacheinander im Laufe seiner Lebensgeschichte. Mit jeder neuen Stufe der Moralentwicklung, die ein Mensch erreicht, hat er sich aus moralischer Sicht weiterentwickelt und ein höheres Niveau betreten. Kohlberg meinte, Begründungen der Normen kann man am besten Anhand moralischer Dilemmata studieren – d.h. anhand eines Konflikts zwischen zwei moralischen Normen. Mittels solcher „Dilemma-Geschichten" hat er versucht die Moralstufe seiner Probanden zu ergründen.

3. Einordnung in die Persönlichkeitsentwicklung

Um Moralentwicklung zu begreifen ist eine Einordnung in die Persönlichkeitsentwicklung hilfreich. So lassen sich nach dem Spracherwerb drei Hauptphasen der Entwicklung des Denkens unterscheiden, die der Mensch in chronologischer Abfolge durchläuft.

1.   intuitives Denken (Vorschulalter)

   Mit intuitivem Denken ist das Denken „aus dem Bauch heraus" gemeint, wie es vor allem jüngere Kinder zeigen. Also ein eher gefühlsgeleitetes Denken.

2.   konkret-operatorisches Denken (ab 7. Jahre)

   Auf dieser Stufe der kognitiven Entwicklung können logische Schlüsse gezogen werden, Gegenstände klassifiziert und Relationen zwischen Dingen erfassen werden.

3.   formal-operatorisches Denken (Adoleszenz)

   Auf der höchsten Stufe der kognitiven Entwicklung ist abstraktes Denken möglich. Ein Mensch kann Situationen und Folgen seines Handelns antizipieren, Beziehungen zwischen Elementen eines Systems erfassen und Hypothesen bilden und prüfen. Diese hohe Stufe der Entwicklung des Denkens wird oft nur teilweise erreicht, besonders ungebildete Personen oder Straftäter verharren auf einer der unteren Stufen und können die Folgen ihres Handelns noch nicht klar voraussehen.

Moralisches Denken hängt also von der Stufe des logischen Denkens ab. Die logische Entwicklung ist eine notwendige Bedingung für die Moralentwicklung, reicht allein aber nicht aus. Weiterhin sind die Stufen der sozialen Wahrnehmung und der sozialen Perspektiven- und Rollenübernahme wichtig (vgl. Selmann, 1976). Sie erfassen das Niveau auf dem andere Personen wahrgenommen werden, ihre Gedanken und Gefühle interpretiert werden und auf dem ihre Rolle verstanden wird. Die Entwicklung der sozialen Kognition geht Entwicklung moralischen Urteils ebenso voraus wie die Entwicklung des Denkens. Die Moralische Stufe hängt mit der vorausgehenden kognitiven Entwicklung, der sozialen Wahrnehmung und dem moralischen Handeln zusammen. Man muss also moralisch Denken um moralisch handeln zu können, man kann aber auch so denken jedoch Entgegen seinen Überzeugungen handeln. Sehr wohl setzen moralische Handlungen moralisches Denken voraus, jedoch bedeutet moralisches Urteilen nicht, dass auch moralisch gehandelt wird. Kohlberg beschäftigte sich in seiner Theorie mit dem moralischen Urteil, in seiner Stufentheorie wird moralisches Handeln von Personen nicht bedacht.

4. Die Moralstufen

Lawrence Kohlberg postulierte sechs moralische Stufen auf drei Niveaus:

    I.   präkonventionelles Niveau

Auf dem Vormoralischen Niveau können konventionelle Regeln und Erwartungen der Gesellschaft nicht verstanden werden (Kinder bis 9 Jahre). Hier werden moralische Entscheidungen durch drohende Strafen, Willen von Autoritäten oder mit der Durchsetzung eigener Interessen begründet. Die Interessen anderer Menschen werden nur schwer verstanden und einbezogen. Auf dem präkonventionellen Niveau wird unter Stufe 1 und Stufe 2 unterschieden.

    II.   konventionelles Niveau

Auf der zweiten moralischen Ebene urteilt einer Person gemäß den Regeln, Erwartungen und Konventionen der Gesellschaft oder einer Autorität ohne sie zu hinterfragen (viele Jugendliche und Erwachsene). Hier herrscht die Neigung zur Erhaltung wichtiger Sozialbeziehungen, der Gemeinschaft und der Gesellschaft vor. Auf Stufe drei beschräkt sich dabei die Orientierung auf engere Sozialbeziehungen und Kreise wie Familie oder enge Freundschaften. Eine Person auf Stufe vier hat schon das Wohl von Gesellschaft, Staat oder Religionsgemeinschaft im Blick.

    III.   postkonventionelles Niveau

Auf dem höchsten Moralischen Niveau werden die Regeln der Gesellschaft akzeptiert und gleichzeitig allgemeine moralische Prinzipien anerkannt (wenige Erwachsene über 20 Jahre).

Das System wird nicht mehr als fraglos richtig angesehen, allgemeine Prinzipien und Werte sind den allgemeinen Regeln vorgeordnet und werden auch entgegen den Gesetzen vertreten, sofern sie diesen widersprechen.

5. Die Sozialperspektiven der drei moralischen Niveaus

Um Entwicklung des Denkens strukturell zu beschreiben wird vereinheitlichendes Konstrukt benötigt. Kohlberg schlägt die soziomoralische Perspektive vor. Sie bezieht sich auf den Standpunkt des Individuums bei der Vergegenwärtigung sozialer Fakten (also Sollensvorstellungen). Charakteristika des Urteilens liegt die Sozialperspektive zugrunde. Jeder Stufe des moralischen Urteils wird ein soziale Perspektive zugeordnet, aus welcher heraus die Person urteilt.

•Moralisches Urteil	•Soziale Perspektive
I. Präkonventionell	I. Konkret individuelle Perspektive
II. Konventionell	II. Perspektive eines Mitglieds der Gesellschaft
III. Postkonventionell	III. Der Gesellschaft vorgeordnete Perspektive

Um das zu erläutern sollen hier Beispiele für die Sozialperspektiven der einzelnen Ebenen aufgezeigt werden.

5.1 Präkonventionelles Niveau:

... umschreibt die Perspektive eines Individuums, welches nur eigene Interessen oder die anderer isolierter Personen in Betracht zieht

Bsp.– Joes Antwort im Alter von sieben Jahren auf die Frage warum man in einem Laden nicht stehlen sollte:

Joe: „Es ist nicht gut zu stehlen. Das verstößt gegen das Gesetzt. Irgend jemand könnte dich beobachten und die Polizei holen."

(Kohlberg, L., 1996)

Das Gesetz erscheint ihm als etwas das die Polizei durchsetzt. Joe ist bestrebt, Strafe zu vermeiden.

5.2 Konventionelles Niveau

Eine Person auf dem zweiten moralischen Niveau begründet ihre Urteile mit der Sorge um soziale Zustimmung, Loyalität gegenüber Personen, Gruppen und Autoritäten und dem Wohlergehen anderer und der Gesellschaft.

Bsp.- Joes Antwort im Alter von 17 Jahren auf die Frage warum man keinen Ladendiebstahl begehen sollte :

Joe: „Das ist eine Frage des Gesetzes. Zu unseren Regeln gehört, dass wir versuchen, jedermann zu schützen, nicht nur ein Geschäft. So etwas benötigt man in unserer Gesellschaft. Wenn wir Gesetze nicht hätten, würden die Leute stehlen, sie müssten nicht für ihren Lebensunterhalte arbeiten, und unsere ganze Gesellschaft würde kaputtgehen. "

(Kohlberg, L., 1996)

Joe sorgt sich sehr um die Einhaltung des Gesetzes, ihm ist am Wohl der Gesellschaft gelegen und er redet als Teil des Systems.

5.3 postkonventionelles Niveau:

Eine Person auf dieser höchsten Ebene des moralischen Urteils kehrt zum Standpunkt des Individuums zurück statt den Blickwinkel der Gesellschaft einzunehmen. Sie befragt und revidiert die Perspektive der Gesellschaft aus einer moralischen Perspektive heraus.

Bsp.– Antwort Joes als 24 Jähriger:

Joe: „Man verletzt damit die Rechte einer anderen Person, in diesem Fall ihr Recht auch Eigentum. [Moral bedeutet] die Rechte anderer Individuen zu respektieren – also das Recht auf Leben, das Recht zu tun und zu lassen was sie wollen, solange sie dabei nicht die Rechte anderer Menschen beeinträchtigen. "

(Kohlberg, L., 1996)

Joe betrachtet Diebstahl als ungerecht, weil damit wichtige Rechte von Personen verletzt werden, nicht aber, weil die Gesellschaft es verbietet.

6. Die Sozialperspektiven der sechs Stufen

Bisher haben wir uns mit den Sozialperspektiven der drei Niveaus beschäftigt. Es soll aber nicht in Vergessenheit geraten, dass Kohlberg auf jedem Niveau zwei Stufen herausgearbeitet hat, denen natürlich auch verschiedenen Sozialperspektiven zugrunde liegen. Im folgenden sollen kurz die einzelnen Stufen mit ihren Sozialperspektiven dargestellt werden.

- Stufe 1:   Der Standpunkt des konkreten einzelnen ist beherrschend.
- Stufe 2:   Einer Person ist bewusst, dass andere Individuen andere Sichtweisen haben. Positive oder negative Reaktionen anderer werden vorausgesehen. Der eigene Standpunkt stehe an erster Stelle aber Übereinkünfte mit anderen sind möglich.

- Stufe 3:   Ein Mensch ist sich des gesellschaftlichen Standpunktes oder dem Wohl der Gesellschaft wenig bewusst, aber er sieht Dinge aus dem Blickwinkel gemeinsamer Beziehungen. Die Perspektive der durchschnittlich guten Person wird eingenommen.

- Stufe 4:   Hier hat die Person das System vor Augen. Es wird zum Wohl der Gesellschaft geurteilt, als dessen Teil man sich versteht.
- Stufe 5:   Man unterscheidet zwischen moralischen und rechtlichen Gesichtspunkten. Auf dieser Stufe hat eine Person Probleme die moralische Perspektive unabhängig von der rechtlichen zu bilden.
- Stufe 6:   Verpflichtungen werden unter Rückblick auf universelle ethische Gerechtigkeitsprinzipien definiert. Ein moralischer Standpunkt, der auf einem Prinzip beruht, das grundlegender ist als der sozio-legale Standpunkt wird eingenommen.

7. Vier moralische Orientierungen Worin unterscheiden sich Merkmale von Stufen des moralischen Urteilens gegenüber der

Sozialperspektive? Kohlberg meinte um diese Frage beantworten zu können, müsse man das spezifisch moralische herausarbeiten und moralische Kategorien nutzen, wie sie schon in der Moralphilosophie analysiert worden sind. (vgl.: Kohlberg, L., 1996)

Es gibt vier Gruppen von Hauptkategorien oder auch moralischen Orientierungen, die vier Arten von Entscheidungsstrategien ausmachen. Jedes Individuum kann jede Orientierung einzeln oder alle kombiniert nutzen. Es gibt keine festgelegten Orientierungsmuster.

Die vier Hauptkategorien der moralischen Orientierungen sind:

1.	Normative Ordnung	– Orientierung an Regeln und Rollen
2.	Nutzen-Implikationen	– Orientierung an guten oder schädlichen Folgen
3.	Gerechtigkeit oder Fairness	– Orientierung an Relationen der Freiheit, Gleichheit
4.	Ideales Selbst	– Orientierung am Bild von sich selbst als „gutem Menschen"

(Kohlberg, L., 1996)

Laut Kohlberg ist die wesentliche Struktur der Moral die Gerechtigkeit, sie ist Kern aller moralischer Entscheidungen und von seinem Verständnis der Gerechtigkeit lässt sich der Mensch beim Urteilen leiten. In moralischen Situationen geraten Perspektiven oder Interessen in Widerstreit, hier sind Gerechtigkeitsprinzipien Lösungskonzepte die das Ungleichgewicht ausbalancieren und ein Gleichgewicht zwischen sozialen Handlungen und Beziehungen herbeiführen können.

8. Befunde zur These der Moral als Gerechtigkeit Die These, Gerechtigkeit sei der Kern der Moral, hielt zumindest teilweise einer Längsschnittstudie stand, die eine Teilantwort ermöglicht.

In dieser Studie fasste Kohlberg jeweils zwei Orientierungen zu einem Typ zusammen. Es entstanden zwei Typen: Typ A - Normative Ordnung + Nutzen Prinzip und

                      Typ B - Orientierung an Gerechtigkeit + idealem Selbst

Es zeigte sich, dass Probanden, die dem Typ A zugeordnet waren, eher beschreibende und voraussagende Urteile fällten und sich bei der Untersuchung der Fälle zu denen sie urteilen sollten, mehr auf äußere Gegebenheiten einer Situation stützten.

Typ B – Probanden fällten eher präskriptive Urteile – was Regelbewusstsein und Beurteilung der Fairness der Regeln voraussetzt. Insofern waren die Urteile von B-Typen reifer und sicherer, als die Urteile von Probanden aus Gruppe A. Die Longitudinaldaten untermauern die Vorstellung, dass die beiden Typen klar abgegrenzte Unterstufen bilden, wobei die B-Unterstufe als reifer erscheint. Ein Wechsel der Unterstufe passierte immer von A nach B, nie von B nach A. Somit stellt das B-Stadium eine Konsolidierung (Sicherung) und Ausbalancierung der Sozialperspektive dar, die zunächst auf Teilstadium A erarbeitet wurde.

Zusammenfassend ist zu sagen, dass eine vollständige Entwicklung und Konsolidierung des moralischen Urteils auf jeder Stufe durch Gerechtigkeitsstrukturen und –begriffe definiert ist, wenngleich bei allen vier moralischen Orientierungen eine Stufenentwicklung stattfindet. (vgl.: Kohlberg, L., 1996)

Literatur:

Oerter & Montada, (2002) Entwicklungspsychologie

Kohlberg,   L.   (1996)   Moralentwicklung